C .A. Freiherr von Kleist

Sammlung von Oden, Gedichten, und Grabschriften

C .A. Freiherr von Kleist

Sammlung von Oden, Gedichten, und Grabschriften

ISBN/EAN: 9783743664111

Hergestellt in Europa, USA, Kanada, Australien, Japan

Cover: Foto ©Thomas Meinert / pixelio.de

Weitere Bücher finden Sie auf **www.hansebooks.com**

SAMMLUNG

VON

ODEN, GEDICHTEN,

UND

GRABSCHRIFTEN.

DURCH

C. A. Fʰⁿ v. KLEIST.

WIEN,

MIT VON TRATTNERNSCHEN SCHRIFTEN.

1796.

I N H A L T.

―――――

Am Grabe eines Geizigen.

An einen armen Rechenmeister.

Auf einen geizigen Verwalter.

Das grofse Feuer.

Der Gefangene.

DER

HOCHGEBOHRNEN REICHSGRÄFIN

GABRIELE von ROTTENHAN

GEBOHRNEN

GRÄFIN von CZERNIN

in Unterthänigkeit gewidmet.

O D E

AM NAMENSTAGE

der

FRAU GRÄFIN

GABRIELE von ROTTENHAN.

———————◆◆●——●◆———————

Dann geust Allvater über die reineste
Der Seelen ganz sein väterlich Herz herab,
Und jedes Heil und jeder Segen
Wird Ihr im reichesten Ueberflusse

Denis.

Ich singe zuerst die edle Frau,

Denn rings um mich her flattert die Wonne,

Es schleicht sich die scheuche Muse zu I h r ,

Und bringt I h r im silbernen Harfengetöne

Ein festliches Lied zur verjüngten Natur.

Wie

Wie kann sich die Leyer den Beifall erwerben

Nach dem sie nicht hascht, sie will es versuchen

Das Muster der zärtlichen Mütter zu singen,

Dies seye das Opfer, das sie I h r bringt.

In Häusern der Grofsen am Donau Gestade.

Findet die Muse das ächte Verdienst,

Da findet sie Tugend und singt I h r ein Lied.

Sie fleugt dann nach Böhmen in's hohe Gebürge

Zum Sitze der Unschuld und Wohlthätigkeit.

Die Ufer der Moldau erschallen vom Lobe,

Und wünschen verschwundene Zeiten zurück,

Beglückter sind noch am Safsava Strom

Die ländlichen Völker unschuldig und from.

Sie kennen das Herz der gütigsten Frau,

Und werden Verdienste und edle Thaten,

Den späteren Enkeln der Nachwelt verkünden.

Die

Die darbenden Wittwen, die traurenden Waisen,

Die schwankenden Greise am Stabe gelehnt,

Und lallende Kinder am Busen der Mütter,

Bewohner von Städten, und einsame Hüttler,

Die harren auf S i e , sie segnen die Frau

Und jauchzen I h r zu, wenn S i e begleitet

Von blühenden Rosen die S i e selbst zeugte,

Belaubte Gebüsche und liebliche Thäler,

Die goldenen Fluren der Herrschaft betritt,

Dann eilet, dann drängt sich ein jeder zu I h r.

Rothbackigte Dirnen und hüpfende Knaben

Die stehen in Reihen und scharren den Knicks;

Sie schwingen die Hände, sie rufen hoch laut

Da ist ja die Mutter die uns beglückt.

Nun wird S i e die Schulen der Kleinen besuchen.

Und alle erhalten Geschenke von I h r,

Sie wird auch die ländlichen Feste bereiten,

Alles wird spielen und alles wird tanzen

Alles wird singen, und alles wird trinken

Auf's neue wird jeder gekleidet von Ihr.

Durch Loose läfst Sie dann jeden gewinnen.

Und Alte und Junge, die rufen Juche!

Und segnen die Hand, die Wohlthaten gibt.

Dann eilen sie hin zum Tempel des Herrn,

Und bringen die Lieder des festlichen Danks

Zum Sitze des höchsten Allvaters hinauf,

Dafs er noch spätere Tage Ihr schenke,

Zum Heile des ländlichen Menschengeschlechts.

Aber o Muse! Stimme die Harfe,

Singe begeistert im Taumel der Wonne

Den guten und redlichen Biedermann,

Der rastlos in Arbeit und Thätigkeit schwebt,

Er-

Erhabene Plane mit Forschgeist entwirft

Zum Wohl des Monarchen, zum Nutzen des Staates,

Dem er mit Treue und Redlichkeit dient,

Selbst Neider und Feinde müfsen Ihn ehren,

Und wo ist ein Staatsmann, der solche nicht hat?

Wenn Er dem städt'schen Getümmel entflieht,

Um Gattin und Kinder wieder zu sehn,

Im reineren Aether Kräfte zu sammeln,

Balsamische Düfte in Haynen zu hauchen,

Die schon so lange Sein Eigenthum sind,

O! so frohlocket die ganze Natur.

Sie geht Ihm mit heiterem Antlitz entgegen,

Umfasset den Busen der zärtlichen Hälfte,

Die blühenden Töchter klammern am Halse

Des besten, liebvollsten Vaters hinauf.

Und wenn dann der wüthende Boreas heult,

Grün-

Grünprangende Eichen und Büchen entlaubt,

Wenn Felder und Auen beginnen zu trauren,

Und Sie aus Eden zu dem Gestaade

Der schwellenden Donau zurücke sich sehnt,

Dann weinet, dann schluchzet das ländliche Volk :

Horch Muse! horch und höre das Wimmern,

Ach! heist es die Mutter verläfst uns so bald.

Dem Pflüger enttreufelt die dankbare Zähre,

Ein traurendes Lebe wohl! ruft er Ihr nach,

Und eilt Sie hinweg, so zählt er die Monden,

Es werden sogar die Stunden gezählt,

Bis Sie zum Schoose der ländlichen Freuden,

In neugeschaffenen Fluren erscheint,

Der Menschheit die nützlichen Dienste zu leisten,

Die Adonai einst jenseits Ihr lohnt.

TRAU-

TRAUER - ODE

AM GRABE

des

STAATS - und - KONFERENZ

MINISTERS

FÜRSTEN zu KAUNITZ,

GRAFEN zu RITTBERG.

———◆◆◆◆———

nec Pietas moram
Rugis et inflanti Senectae
afferet, indomitaeque Morti.
Horatii Od. XIV.

Schön war der Tag —

Und nun sank er in Purpurfarb vom trüben Horizont herab.

Ihm folgte Luna nach, mit ahndungsnahem Jammer

Hüllt sie in schwarz Gewölk, das blafse Antlitz ein.

Ein

Ein fürchterlichs Geräusch vermengt mit Klaggewimmer

Ertönt aus dunklen Lüften, es steigt zum Erdenball

Der Todesengel vom Olimp, und ruft: Er ist nicht mehr!

An Fürsten - Thüren schleicht, an Bettler - Hütten klopft

Der Knöchler mit der Sense, auch K a u n i tz ist dahin.

Er rafft I h n fort den W e i s e n dieser Staaten,

Den L i e b l i n g der Regenten, den N e s t o r unserer Zeiten,

So rief, so rief er noch einmal der Todesengel

Und lange hört' ich noch den dumpfen Wiederhall.

Ach weihet S e i n e r Asche noch diese letzte Zähre.

Und du, o Harfe wimmere, und bebe Sterbeton.

Erlaube mir Verklärter, erlaube wenn nun D i r

Von Dankbarkeit gerührt, von hoher Pflicht entflammt

Die unvollkommne Muse, in schwachen Harfen - Tönen

Bei Finsternifs und Stille an D e i n e m Aschenkruge

Ein Danklied D i r heut bringt, und D i c h unsterblich preist.

Dem

Dem Staate Glück und Heil! wo einst ein K a u n i t z lebte,

So weise, so gerecht, wie I h n Thalia schildert,

Und als Original, Gebiethenden empfiehlt.

Zwar Manchen behagt's in ewigen Statüen

Belorbert und gestählt, als Mann und Held zu glänzen,

Doch mit dem Kranz hinweg, woran nur Menschenblut

Vermischt mit Thränen klebt. Unsterblicher ist der,

Ein Mann wie K a u n i t z war, der in Regenten Glück

Sich seines Glückes freuet; dort half, wo Unschuld darbt,

Und oft der allgemeinen Noth durch Staatskunst Schran-

ken sezte,

E r , der nie Blut vergofs, weil Weisheit siegen konnte,

So war ja stets S e i n Rath, und Herrscher dankten I h m.

Ein Mann, der gleich der Frühlings - Sonne auf unsere

Gefilde strahlt,

Das Land zur Flur umschaft, und Kunst um sich verbreitet.

So sang, so sang Horaz dem kommenden August,

Und so, so singt Ihm heut, der Ihm getreue Kleist.

Europa wird nie sagen, der Staatsmann ist nicht mehr,

Denn nur die Hülle starb, und Er wird ewig leben.

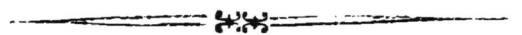

TESTAMENT

FRIEDRICH des ZWEYTEN,

KÖNIGS in PREUSSEN.

Als einstens Herr Mercurius

Im Himmel rapportirte,

Dafs König Friedrich Maximus

Noch immer hier regierte;

Sprach Zevs: er hat genug gelebt,

Zeit ist es, dafs man ihn begräbt,

Zwar hat er keine Erben,

Doch mufs er einmal sterben.

B   Friz

Friz sah den dürren Knochenmann

Mit grossen starren Augen an,

Der kam ihn abzuhohlen,

Wie Zevs ihm anbefohlen.

Er machte ihm ein Compliment,

Und sprach : hier ist mein Testament.

Meines Bruders Wilhelms Sohn,

Soll besteigen meinen Thron,

Er erhält ihn gratis,

Und hiemit punctum satis.

Zum Begräbnifs soll man schreiten,

Lafst mir keine Glocken läuten,

Jeder halte sich bereit,

Wenn der Wächter Zehne schreit.

Lafst mir keine Musik machen,

Lafset keine Stücke krachen,

Ge-

Gebet auch kein Leichenmal,

In dem grofsen Trauer - Sal.

Trommeln sollen sich nicht rühren,

Keine Garden paradiren,

Niemand rufe : zum Gewehr!

Denn der Frize ist nicht mehr.

Ambra, Rosmarien leget,

So wie man's zu machen pfleget.

Nicht auf meine Leiche,

Und keine frische Sträuche.

Ihr sollt mich nicht einbalsamiren

Und mich in kein Gewölbe führen,

Denn ich will zu Asche werden,

Und vermodern in der Erden,

Dem Schöpfer gebe ich die Seele,

Und meinen Leib der finstern Höhle

Die

Die ein Todtengräber macht,

In Gruften würd' ich ausgelacht.

Mit Orden, Spitzen, Garnitüren,

Sollet ihr mich nicht auszieren,

Rohe Leinwand soll mich kleiden,

Denn ich kann die Pracht nicht leiden.

Um den Nufsbaum wär' es Schade,

Legt mich daher in eine Lade,

Die aus Tannenholz besteht,

Und mit mir zu Grabe geht.

Zinnen, Kupfer müfst ihr sparen,

Meinen Mammon aufbewahren,

Ich brauche ja kein Monument,

Weil die ganze Welt mich kennt.

Schmeichelt mir nicht nach dem Tode,

Macht mir keine Trauer - Ode,

Jen-

Jenseits ist kein König schön,

Jeder mufs wie ich vergehn.

Redet nicht von meinen Thaten,

Denn die Gröfse meiner Staaten,

Zeiget einen jedem klar,

Wer der alte Frize war.

Nennet nicht mehr meinen Namen,

Schliefst mein Bild in keine Rahmen,

Denn mein Tod wird euch bereiten,

Krieg, und schreckenvolle Zeiten.

Unter'm Pöbel will ich schlafen,

Ohne Garden, ohne Waffen,

Schriften, die der Nachwelt gleichen,

Sollen von dem Grabe weichen,

Niemand soll auf selben lesen,

Dafs ich König bin gewesen.

In

In Schlachten habe ich gefochten,

Und Lorberkränz sind mir geflochten.

Die Welt kennt meine Siege,

Vom siebenjähr'gen Kriege.

Ich trette nun vor's Hochgericht,

Und vor Jehovens Angesicht,

Um meine Schulden abzuzahlen,

Für jeden braven Generalen,

Der für's Vaterland sein Blut,

Opferte mit Heldenmuth.

Wohlan! ihr lieben Wilhelmskinder,

Seyd tugendhaft, seyd keine Sünder,

Sucht falsche Politik zu meiden.

Schliefst Alliancen, doch bescheiden,

Liebt den Kaiser euren Freund,

Der es redlich mit euch meint.

Nie

Nie müfset ihr Tractaten brechen,

Sonst wird die Nachwelt von euch sprechen,

Dafs Falschheit und Verrätherey

In Preufsens Kabinette sey.

Drohet nicht dem Papst mit Waffen,

Macht euch nichts mit ihm zu schaffen,

Sonst kommt eine Schreckenzeit,

Für die ganze Geistlichkeit.

Auch an mich wird sie gedenken,

Mir ein Vater unser schenken,

Friz hauchte seine Seele aus,

Und verliefs dies Narrenhaus.

Wilhelm stieg auf seinen Thron,

Und wie er herrscht, das weifs man schon.

DAS

ZUR GRÄFIN

GEWORDENE

GÄRTNER - MÄDCHEN.

Eine Romanze.

————

Sollt ich eine Gräfin seyn

Himmel welche Freude!

Flöfst mir diese Nachricht ein,

Und dies Kleid von Seide,

Diesen Anputz mufs sogar,

Selbst die Mifsgunst preisen,

Schon krümmt sich mein blondes Haar

Unter Stahl und Eisen.

Nun

Nun verschwind't die Gärtnerin.

Sammt den Blumenkränzen,

Eine Feen - Königin

Kann nicht schöner glänzen;

Statt der Rosen schmücken mich

Blendende Juwelen,

Ey, schon lafsen Junkers sich,

Meiner Gnad empfehlen.

Seht ein goldnes Haus bespannt

Mit sechs raschen Pferden,

Die sich stolz auf meinen Stand

Königlich geberden.

Spiel,

Spiel, Concert und Opera,

Ball und Masquerade,

Ey, wie macht die Gräfin da

Künftighin Parade.

Holde Veilchen gute Nacht!

Ehmals mein Vergnügen,

Denn ich muſs in stolzer Pracht

Schnell nach Hofe fliegen.

Du mein Gärtchen und mein Feld,

Das ich oft umgraben,

Wirst nicht mehr von mir bestellt,

Hänschen soll dich haben.

Häns-

Hänschen war mir herzlich gut,

Ach! der liebe Kleine

Kränzte meinen Gärtner - Hut

Oft im Blumenhayne.

Stets verfolgte mich sein Fuſs

Darf ich das wohl sagen?

Ja, er gab mir manchen Kuſs

Wenn wir Kirschen brachen.

———————

Voll und rund ist sein Gesicht.

Schön bis zum Entzücken,

Unschuld, Liebe, Sehnsucht spricht

Stets aus seinen Blicken.

Ar-

Artig, aber ohne Zwang,

Lächlend wie die Freude,

Schlank und edel ist sein Gang,

Sanft ist seine Seite.

———————

Oft standen wir am Silberbach

Und warfen uns mit Rosen,

Ich reizte ihn, ich lief ihm nach,

Und küfste ihn den Losen.

Müde von dem Gärtner - Ball,

Blühend wie die Rose,

Schlief er dann am Wasserfall,

Sanft in meinem Schoose.

Häus-

Hänschen warum grämst du dich,

Willst du mich betrüben?

Wirst du wohl als Gräfin mich

Nicht mehr zärtlich lieben?

Deinen kleinen Eigensinn

Will ich schon bestrafen,

Denn sobald ich Gräfin bin,

Mach ich dich zum Grafen.

DIE
ZURÜCKKUNFT
VOM
H O F E.

—————◦⊂⊃●▸—————

Sey tausendmal von mir geküſst

Mein kleiner Philosophe,

Mein Hänschen bleibe, wo du bist,

Und komm mir nicht nach Hofe,

Galante Falschheit, List und Neid,

Gilt da so viel als Redlichkeit,

Mich bringt des Hofes Tücke,

Auf deine Flur zurücke.

Im

Im vollen Glanze zeigte sich

Der Hof erst meinen Blicken,

Die Damen tratten rings um mich,

Und sahn mich mit Entzücken.

Dann hiefs es, küfst sie doch geschwind,

Das ist ein allerliebstes Kind!

Schön, sittsam, ohne Mängel,

Und geistreich wie ein Engel.

―――――――――

An Kleidern reich, am Witze arm,

Gleich bunten Schmetterlingen,

Sah ich der Stutzer goldnen Schwarm

Mich schaarenweis umringen.

Sie

Sie sagten manche Süfsigkeit

So abgeschmakt und ungescheut,

Und schnitten unbefohlen,

Die schönsten Capriolen.

Die Damen stiefsen sich daran,

Und zwangen sich zum Lächlen,

Sie zischelten, und fiengen an

Satyrisch sich zu fächlen;

Bis eine ganz vernehmlich sprach,

Und eine sprach's der andern nach,

Seht doch die Gartenzofe,

Was will dann die bei Hofe?

Nun

Nun ward ich ach! vom Kopf zum Fufs,

Erbärmlich durchgezogen,

O Himmel! was man leiden mufs,

Wie wurde da gelogen.

Ich war verbuhlt, geschminkt, verrükt,

Zum Stubenmädchen kaum geschickt,

Dann hiefs es gar die Kleine,

Hat wahrlich krumme Beine.

Nein Hänschen lafs uns unser Feld,

Mit froher Müh umgraben,

Der, dem sein Schicksal wohlgefällt,

Kann keinen Kummer haben.

Ein

Ein frohes Herz, ein frisches Blut,

Ein gut Gewissen macht uns Muth,

Obgleich in unsern Zimmern,

Nicht Gold und Seide schimmern.

Bin ich gleich fern von Stolz und Tand,

Nicht à la grècque frisiert,

Wenn nur ein Strauß von deiner Hand,

Die freyen Locken ziert.

Was helfen Ringe, Stein und Uhr,

Des Reifrocks strotzende Figur?

Mein glänzendes Geschmeide,

Sey Tugend, Lieb und Freude.

Man

Man braucht zum Glück, und froh zu seyn,

Nicht Laufer, und Heiducken,

Kein Koch gibt Gift und Gliederpein,

Uns theuer zu verschlucken.

Mein Fächer sey der sanfte West,

Und jeder Tag ein Liebesfest,

D'rauf schlaf ich ohne Harme,

Vergnügt in deinem Arme.

DER

ABSCHIED

AN MEINE

GELIEBTE.

Hat ewig deine Blicke

Das Schicksal mir entwand,

Kommt nie der Tag zurücke,

Der mich mit dir verband;

Mir scheinet keine Sonne,

Kein Strahl der Hofnung mehr,

Ich haſs des Lebens - Wonne

Und alles um mich her.

In grauen Finsternifsen

Hüllt ewig sich der Tag,

Nicht mehr zu ihren Füssen

Klagt mir das Echo nach.

Wenn nächtlich später Schlummer,

Mich einsam überfällt,

Wekt mich der Liebe Kummer,

Der meine Qualen hält.

––––––––––––

Vergebens rollen Thränen

Der blafsen Wang herab,

Mich bringen Schmerz und Zähren

Allmählich in das Grab.

So

So lohnst du reine Herzen,

So Liebe krönst du sie,

Hör' Engel! meine Schmerzen,

Leb wohl! — und fühl' sie nie.

AM

GRABE

DES

DICHTERS KLEIST.

Hier bei diesem Aschenkruge,

Weint die Freundschaft ihren Schmerz,

Und mit diamant'nem Pfluge,

Zieht der Kummer Furchen durch mein Herz.

Finsternifs und Stille,

In der ich mich verhühle,

Dich lade ich ein zum Gehör,

Klagen will ich, ach! mein Liebling ist nicht mehr.

DIE

DIE

SCHMINKE.

In ihrem Negligée —

Fand ich sie jüngst beim Thee,

Doch ihr Gesicht,

Das sah ich nicht,

Es liegt am frühen Morgen,

Auf ihrem Nachttisch noch verborgen.

DER

DER DUMME

VIRTUOS.

Rühtst du die Cremoneser Geige,

Mein Ohr war mehr als einmal Zeuge,

So rührst du jedes Menschenherz.

Doch öffne deinen Mund nicht mehr,

Spiel immerfort und schweige,

Denn dein Gehirn ist ja so leer,

Als das Gehäuse deiner Geige.

D I E
SCHAMRÖTHE.

F R A G E :

Tullus sagst du, schämt sich nicht?

Sieh doch an sein roth Gesicht!

A N T W O R T.

Freund du irrst, das ist der Wein,

Der sich schämt in ihm zu seyn.

A M

AM
GRABE
EINES
SÄUFERS.

O Wandrer! hüte dich hier Thränen zu vergiefsen,

Des Wassers ärgster Feind liegt ja zu deinen Füfsen.

DIE
RELIQUIEN.

Der Prior liefs von da uns weiter

Zu einem Schranke gehn,

Und zeigte uns ein Stückchen von der Leiter,

Die Jakob einst im Traum gesehn.

A M
G R A B E
E I N E S
B Ö S E W I C H T S.

Er starb —

Doch nicht als ächter Christ,

Und nicht mit Heldenmuth,

Nicht für den Staat und den Monarchen,

Er lebt' als Schurk, und starb als Bösewicht.

O Aeols Höhle öffne dich,

Ihr Winde lafst euch hören,

Stürzt ein die goldne Marmorgruft,

Um seine Asche zu zerstöhren.

AM

GRABE

EINES

GEIZIGEN.

Hier ruht der Mann,

Der wohl zu nehmen wuſste,

Doch wiedergeben konnt' er nicht.

Man gab ihm ein Clystir,

Woran er sterben muſste,

Denn wiedergeben wollt er nicht.

AN EINEN ARMEN
RECHENMEISTER.

Du! der du so viel Zahlen schreibst,

Und dennoch immer arm, an manchen Zahlen bleibst,

Dir wünsche ich in fernern Zeiten,

Mehr gold - und silberne Einheiten.

AUF EINEN GEIZIGEN
VERWALTER.

Er war den Bauern so gewogen,

Daſs er sie ohne Unterschied,

Auf's Hemd hat ausgezogen.

Hätt' er sein böses Haupt,

Frühzeitig nicht geneigt,

Sie hätten ihm zuletzt

Die bloſse Haut gezeigt.

DAS

GROSSE

F E U E R.

Mein Herz ist Stahl, sprach Adelheide,

Und mein's fiel, Cleon hurtig ein,

Und mein's, o schönstes Kind! ist Stein.

Laſs mich nicht vergebens fragen,

Wir wollen sie zusammen schlagen,

Dann shwör ich dir bei meinem Leben,

Das wird ein groſses Feuer geben.

DER

DER

GEFANGENE.

Du süsse liebe Nachtigall,

Erfreust des Menschen Seele,

Den Fürsten auf dem Erdenball,

Den Philosophen in der Höhle ;

Nur ich allein muſs ewig trauren,

Zwischen schwarzen dichten Mauren,

Hör ich deine Töne nicht,

Mich flieht jedes Angesicht.

Brod und Waſser muſs mich nähren,

Elend wird mich bald verzehren,

Von Menschen bin ich hier verbannt,

Gott schickt mich hin ins beſsere Land.